「藤原正遠講話集」

第五巻

法藏館

昭和59年　日田正遠会にて（79歳）

あや雲の
ながるるごとく
わがいのち
永遠のいのちの
中を
ながる丶

遠

浄秀寺に建つ歌碑　平成４年　米寿記念として建立

藤原正遠講話集　第五巻　目次

藤原正遠師を想う

「藤原正遠師を想う」執筆者

第一巻　正信偈

序　藤原正遠師の思想と信仰　池田勇諦
大法界を思うがままに　楠　達也
藤原正遠師と佐々真利子さん　藤原正寿

第二巻　法　話

藤原正遠師と共に歩んで　藤原利枝
はじめての正遠先生　柳沢　良
正遠先生、そして一ツ屋のこと　黒田　進

第三巻　法　爾一

信の風光―藤原正遠師のこと　金光寿郎
父を偲ぶ―念仏に生かされた人　三上正廣
正遠先生と「あや雲の会」　原　寛孝
地獄の下の阿弥陀さま　谷　栄子
一期一会の握手　助田小芳

第四巻　法　爾二

藤原正遠師と坂東報恩寺　坂東性純
藤原正遠師と私　土井紀明
遠く宿縁を慶びて　藤谷知道
恩師藤原正遠先生についての思い出　井上初美
第二の父　藤原千佳子

第五巻　歌　集

雪道行きつつ南無阿弥陀仏　西川和榮
「お与え」と「おまかせ」　林　貞子
自然を詠まれた詩に心を癒されて　依田澄江
想い出の父・正遠　藤原正洋

藤原正遠講話集　第五巻　歌　集

横浜時代（昭和六年五月より昭和九年一二月まで）

五月風

山畑は五月の風の吹き渡りえんどう豆の花さかりなり

頂《いただき》の萱原に来れば海が見ゆ五月の海の白波が見ゆ

清流に沿いつつ行けば山の子が水遊びせし積み石のあと

京に来て苦学を共にせし友と拾壱銭の飯をたのしむ

欲望のすべてを棄ててひたすらにいのち一つを保ちこし年

冬晴れ

はずみよき太鼓の音のひびき来る赤松山は冬晴れにけり

冬晴れの赤松山の空高く翼かがやかせ鳶舞うが見ゆ

子供らの遊ぶかげ見ゆ小春日の光あまねき赤松山に

入寺結婚—石川県能美郡川北村一ッ屋浄秀寺入寺—

ふりかえれど今はも見えず赤き頬かなしき瞳《め》もて送る吾妹子《わぎもこ》

見送りの人多ければただ一目まなこ合せて離《さか》り来にけり

心にはま二つに分けてものみなを喰べつつ待
たむ君来たる日を

さきくませさきくて来ませ三千世界にただ一
人なる吾妹子《わぎもこ》汝

皚々と雪おおい立つ立山も越えてしゅかむ妹
のためならば

三日市の駅の桜は綻びずひとりの旅はさびしきろかも

ひとときもまなこはなれぬ吾妹子を持てるわが身となりてあるかな

妹来る―教師として横浜に単身赴任時代―（妹は妻のこと）

幾千の人ゆきかえどただひとりの妹を待ちつつここにすわれり

妹のせし列車の音のきこえ来ぬ胸の鼓動の音きこえ来ぬ

米俵（養父より米、しばしありて又馬鈴薯玉葱等送り来る）

まずしさに堪えて来ぬれば米俵たわらなでつつわれはよろこぶ

米俵開かねどはや艶のよきその粒粒の目に見ゆるなり

どつしりと尻をすえたる米俵見つつたのしく
顔剃りにけり

洪水（石川県能美郡川北村はわが村なり）

萬一をのぞみしことのはかなくてはやわが村
を呑めり濁流

濁流は村を襲いてつぎつぎにかなしきことの
起りてあらむ

泣き叫ぶひまもあらなく濁流にのまるる人等
目に見ゆるなり

父を待つ

父上は明日きますなり父上に書きて貰いし軸
出来て来ぬ

吾妹子に花活けさせて父上の書きたる軸を掛
けて明日待つ

うれしげに妹も待つなりさまざまに果物の盛り置きかえなどして

息子われ娘妹子を思いつつ父は今はや汽車の人ならむ

妹とわれ枕並べて明日来ます父のおもかげ浮かべつつ寝る

目さめたりわが待ち待ちしなつかしき父に相
あう日となりにけり

父上と東京の熱き湯に浸り又さまざまのおも
いにあそぶ

父上は手をふりわれは帽子ふる冬の上野の夜
を別れぬ

わが住む清風荘（横浜本牧の高台にあった）

移り来てはや一年を籠りけり春夏秋冬のものをめでつつ

鈴谷進水式

聖上の凝視のみ前に巡洋艦鈴谷のいのち今生きんとす

たましいを打ち入るるなる槌の音ま澄める空
にひびき徹れり

今に鈴谷動き出んとす澄み徹る大空高く舞ふ
鳶の群

帰村時代（昭和一〇年一月より昭和一一年四月まで）

帰村──横浜と別れて──

朝夕にわがなつかしみ遠見せし富士の高嶺は
はやさかり見えず

冬の日の光ぬくとき河原辺に石と石とを打ち
て遊べり

教え子の肌にふれたる心地して河原の石を撫でて来にけり

逢いたくば眼《まなこ》をつぶれ先生の顔見ゆるよと教え来にけり

子供等もす直にわれの言いしこと思いおこして堪えてやあらむ

七十になります生みの御母と離りてわれは雪
国に来し

さびしさの胸にこもれば本ふせて火鉢の横に
横たわりけり

さわがしき都を逃れ鄙寺にかくれしならずわ
が道わが来つ

一日を雪に籠れどなつかしき面《おも》かげ人《びと》と語れ
ばたのし

屋根の雪大き音してなだるればわれの思いの
ふととぎれたり

睦びつつ土間にすわりて一日を藁仕事すも雪
の家家

夜となれば囲炉裏かこみて村人はみ法の話を
きてたのしむ

モンペイに長靴はきて門前の雪除けをする朝
の明るさ

門前に雪除けおれば幼な子等莫蓙のカッパを
かずき登校す

三月に吾子は生れむさらさらとふる雪ききて
われは待つかな

生れ出る子の衣《きぬ》を縫う吾妹子《わぎもこ》のかたえにわれ
は黙したのしき

うれしさのおもいの湧くや生れ出る子の衣《きぬ》を
縫う妹《いも》のふと笑む

椿の花

くれないの椿散りしき雀子のさえずりしげく
春立ちにけり

朝光《かげ》に匂いかがやく雪の峰野は菜の花の盛り
なりけり

赤き布ほほ冠りつつ鄙の娘《こ》等あまた野に出で
鍬ふる四月野

吾子誕生

ほのぼのと夜明けそむれば生れ来し吾子をこ
とほぎ雀啼き立つ

桜ばな日にかがやきて小鳥らのさえずる朝を
吾子は生れぬ

子鳥らのごとくす直に花をうたい青空たたえ
生きてゆけ吾子

父となりて（祖父さまに正洋《まさうみ》というよき名をばつけて貰いぬ）

大千世界に満てらん火をも過ぎゆきて道求め
てぞわが子正洋

短かなる命にあらば短かなる命の中に道求む
べし

四面楚歌の中にあるとも念仏の無碍の道ゆきたがうべからず

きんぽうげ

産褥の妹に見せむとヒヤシンス二鉢畑より移し来にけり

朝の陽の光を浴みてはつはつに藤の花房ひらきそめたり

日に光り風に揺れつつ紫の藤の花房いまさかりなり

きんぽうげの花はしたたしき墓原をそぞろあるけばあまた咲きたり

春の川風

一粒の梅干はみて鄙寺の庫裡の一間に朝茶をすする

椽下をながるる水の音ききて朝のしばしを父と書読む

母の手になりし苺に蜜かけて苺の汁をつくりたのしむ

葉かげ

雀子の声すぎゆきぬわが遊ぶもろこし畑にとどまらずして

草取りに飽けば手取の川にゆき子等の水浴みを見て涼みけり

畑より呼ばれてゆけばよく熟れし西瓜を三切妹はくれたり

菊畑の草取りおれば小流れに妻はきたりておむつ洗うも

木のかげに妻がおむつを洗う音ききつつ草をとればたぬしも

わが部屋

音もなく雪ふる夜なりさにずらう妹をはじめて見しはこの部屋

呱々の声高く上げつつすこやかに男の子正洋生れしこの部屋

日ねもすをここに籠りて書ぞ読む床にま白き
菊の花活け

ひるのまのなやみくるしみみなとけてふたり
しずかに眠るこの部屋

灯を消してしずかに月の光入れ妻とむかしを
かたるこの部屋

狭けれど親子三人のたましいのすべてをそだてゆくはこの部屋

はたきもちて妻清むれば一輪の野花をわれはかざるこの部屋

雀子の啼き立つききて朝々をきよくしずかに目ざむるこの部屋

狭けれどこころのどけしつつましき妻も声立て笑うこの部屋

秋の夜をこころしずかに歌のふみ妻とよみつつ睦ぶこの部屋

死者の枕辺に

ともかくも今日を生きつつ寒菊の色よき花を切りて壺にさす

白山の雪をはるかにながめつつ積藁かげに冬日たのしぶ

吾子抱きつつ

片ことに父とよぶごとき声をして吾子の縋ればうれしかりけり

妻の姿さがせど見えず霙ふる中におむつを洗いにゆきしかか

春を待つ

あたたかき春の陽ざしの恋ほしもよ三月籠れば雪に飽きたり

たくわえの梢も乏しくなりゆけばさびしく焚きて春を待ち侘ぶ

又しても吹雪する夜をかこちつつ蒲団にふかく妻と寝にけり

横須賀時代（昭和一一年五月より昭和一三年三月まで）

雨の日に

念仏のこのごろ頓に多くなりぬ念仏しつつ雨の町ゆく

冬休帰省

いそいそと幼なごころにわれなりて妻子がもとにかえりゆくかな

横浜の海苔をはみつつ明日の夜は父とひさびさ酒をくむべく

汽車もはや半ばをすげばやうやうに心ほころびゆきにけるかも

土産にと買いこし靴をうれしみて部屋ぬち肩ふりあるく正洋

とり立てて話す話はなけれども父と酒くめば
たのしかりけり

身にしみる吹雪はすれど北ぐにの妻のこころ
はあたたかきかな

ほのぼのと夜明けそむれば家々のきそうがご
とくに藁を打つ音

北国にまれなる今日の冬晴れや椽の日向に子を守り遊ぶ

朝まだき竈《かまど》に藁をたく妻のかたえにわれも手をあたたむる

離《さか》る日の朝に一輪開きたり心尽くしの水仙の花

二週間妻子がもとに遊びけり今宵はひとり又
離りゆく

父上の上京を迎う

今宵わが父を迎えてしみじみと汲みかわさな
む酒買いにけり

春雨のそぼふる中を吾が父と神田の店の本あ
さるかも

春浅き明治神宮の外苑を父にしたがいたもと
ほるかな

目覚むれば朝となりいつ御父のかたわらにし
てよく眠りたり

富士登山

山霧のしずかに下りて来りけり二合目なれど
山深きかも

落葉松の林の中に啼きかわす小鳥のこえも霧にぬれおり

五合目の茶屋もはるかに下となりしるしの旗のひら〳〵と見ゆ

鬨の声みな上げにけり山中湖霧のはれまにありありと見ゆ

朝水をくみて井戸辺にルクサックの染みを洗
えり山おもいつつ

二人の吾子

久々に父にあいたるよろこびに幼き吾子のこ
ころおどるらし

久々にかえりし父の膝の上に二人の吾子の坐
らんと競う

疑わずわれの腕《かいな》に抱《いだ》かれてやすき眠りにおちし吾子かも

両側に口を開きてわが与うる箸の飯をば待てり二人は

吾妹子がくくりて呉れし行李の紐ときつつわれの又ひとりかも

鄙に帰る（昭和一三年四月より昭和一八年六月まで）

鄙に帰る―横須賀と別れて―

一週に一度たのしきわが家にかえるさいわい今は得にけり（金沢市商に奉職）

大包傘に担いて鄙道の二里の星夜を家へあゆむも

風呂敷の土産を待ちて坐りいる二人の吾子よ
愛《かな》しきろかも

日曜は必ず妻子のもとにゆくこの束縛がうれ
しかりけり

花畑に来りしたしむ日曜はすがしく朝を家に
むかえて

金沢の町

群山は未だ雪見え金沢の町のしずけさ六月と
言うに

紡績の工場をめぐる茨の垣ま白き花の今さか
りなり

雪解水ゆたかにたたえ流れゆく犀川の辺を朝
ゆき夕ゆく

屋上ゆ見渡す町のしずかなり若葉青葉の金沢
の町

折々に

名残陽のしずかにさせる大根の白花畑に蝶は
群れ舞う

梅雨晴れて午《ひる》近ずけば麦の穂のさやぎ乾きて
耳にしたしも

野菊花さく

幾人の友を戦《いくさ》に死なしつつ野菊花咲く秋に入
りたり

むらさきの野菊紫苑をみほとけにささぐる秋
となりにけるかも

秋されば朝のかまどにたく藁の焰のいろも心したしき

人事《ひとこと》のかかわりも遂に忘れしむ美しきかな秋の夕雲

傷兵ら下車せしあとの窓のべの瓶にさされし秋の花かも

戦線をくぐり来れる傷兵の代表の言葉に涙は
落ちぬ

吹雪の日日

夜すがらの吹雪ひそまりほのぼのと藁打つ音
に夜は明け初めぬ

夜すがらの吹雪ひそまり裸木をすかして見る
曙《あけ》のあや雲

吹雪く日は心おのずとひそまりて炬燵の人の
話親しむ

元旦のみ仏の前にささぐべき熊笹を切る雪の
下より

羅漢像

五百羅漢み顔つぎつぎに見てゆけばおのずと
こころほぐれて笑まし

幾めぐりしても見飽かず羅漢像したしき顔に
みないますかも

羅漢堂めぐりめぐりて体冷ゆ今はかえらむ安
きこころに

親心

うろうろに心はなりてわが妻は癇を起こせし
児を抱きつつ

子をおもう母のまことを生き死にの児を看取りする妻にわが見つ

人と言う類《たぐい》に生きて三人の父となりいつ母となりいつ

五つ四つ二つの子等よけがれなき大和島根のかがやくわが子等よ

ほれぼれとこの土に生きこの土に果ててゆく
べし祖等《おや》なせしごと

春　愁——横須賀の教え子を偲ぶ——

教え子の幾百の眼に手を振りて別れ来しより
はやも一年《ひととせ》

術《すべ》なくて胸にさしたる赤き薔薇取りてぞ振り
し幾百の眼に

無邪気なる教え子達のおもかげの浮かびつぐ
ゆえ心清まる

梅さけば梅の押し花封じつつねもごろの文生《こ》
徒《ら》等は呉るるも

幾百の便り手にしつ幾百の返事わがしつ教え
子愛《かな》し

縁《えにし》

久々に父の法話にうるおいてやすけく夜の床に眠るも

父と子の深き縁《えにし》を思うかも父のかそけき鼾ききつつ

五年《いつとせ》ははや過ぎにけり父上の子となる縁《えにし》の幸《さち》
もちてより

御父とともにしあれば春風のごとくやわらぐ
體も心も

二里の鄙道——松任高女に奉職——

静かさは朝夕二里の鄙道を自転車で行き四方
山おもうとき

自転車のあゆみゆるめて鄙道は稲の穂先のそ
よぎしたしむ

村に入れば高くすがしき木の繁り蟬のなく音
の耳に涼しき

涼しさよあじさいの花咲き垂れて小川の水に
したりて揺るる

新築

新しき家の日に日にととのいてゆくはうれしきものにありけり

新しく出来し流しの水桶にさされてすがし桔梗の花

朝の気のしずかに澄めり新宅に坐りはじめて
朝の飯食す

新築の二階にはじめて床とりて広く眠りぬ雨
をききつつ

歳暮

門川の清きながれのせせらぎをききてわが子
等みな熟睡《うまい》せる

わが子等はせせらぎの音に目をつむり朝は小鳥のこえに目覚ます

しずかなる自然の中に起き伏してこころ清しく育つわが子等

読書

四時に起き書を読まむとひそやかに炭つぎ足せり外は雨の音

移りゆく炭火に手をばかざしつつ暫しは書も
よまずやすらう

夜明けざる朝の間しばし人の世のいましめ解
かれ書読みつげり

古えの書読みゆけば雪消えて緑こころに萌え
ゆくごとし

ほのぼのと夜は明けそめぬ今はわが読み足ら
いつつ背を伸べにけり

ほのぼのと夜は明けそめぬまどかなる子等の
夢路も終りそめけむ

父上の還暦を祝す

御父に三千世界に息子よと呼ばるる幸はわれ
一人かも

父と呼ぶ縁《えにし》の日より七年へて御還暦を祝う日は来ぬ

赤小袖召します父のみこころは淡々として水のごとしも

やすらけき日々の心の歩みかな父のみあとに従いてわれ

今死すとも後悔なしと言えと言わば言い得る
心父に貰いぬ

瑞穂

さくさくと今年の稲に初鎌を入るる人かも朝
の静寂《しじま》に

朝夕に垂穂さやげる田の道をおもいゆたけく
通うわれかも

雪の頃

雪ふかくなれば間借りて飯盒に飯たきて食す
一人しみじみ

一週に一度しずかに手をとりて思うことなく
安寝《い》すふたり

三人の子もすやすやと夢まどか妻もかたえに
今は安寝《い》す

一週に一度わが家のわが部屋に親子五人の安
寝するかも

有難き冬

ちちははも子等もわれらもすこやかに囲炉裏
かこみて有難き冬

村人にあまた大根貰いけりいただきて食す雪籠る日々

七年を経ればおのずと北国の生活《くらし》に馴れて伸び伸びとおり

すこやかに今朝も目覚めし吾児三人こころやすけく勤めには出ず

花雪

日曜の一日を籠りて書よめば妻もかたえに編物などす

末の子もひとり遊びをするゆえに久々にして妻と二人なり

積み藁の上にのぼれば万歳と叫ぶ幼な子よどこの子も同じ

父われの

夜の更けて家にかえれば子供らのはや熟睡《うまい》いてひそけし部屋は

飯食しつつ眠りしならむ末の子の片箸持ちつつ熟睡していぬ

三人の子がすこやかに熟睡する部屋に立ちつ
つほほえましけれ

約束を今日は果たすと三人の子をリヤカーに
乗せて野に来ぬ

リヤカーをとめて花摘み土筆摘みあたえてや
りぬ末の子の手に

春の野のかなたを走る汽車の列子等と並びて
眺めけるかも

父われの心たのしき子等もまたたのしき如し
父と野に来て

一つの蚊帳に

久々に家に帰りて妻子らと一つの蚊帳に枕並
べぬ

妻や子の眠りしあとを目覚めいてしみじみ寝顔眺め飽かぬも

わが血をば稟けし男の子の七歳《ななつ》六歳《むっつ》熟睡してけり顔を並べて

わが血をば稟《う》けし子三人あるゆえか昔とかわるわれの落ちつき

日々

新米の馬車の続きてゆく野道あと行きながら何かたのしき

秋晴れの今日一日に乾きたる落葉は軽く掃かれてゆけり

清き月かげ

御父に朝々汲みて貰う茶はみ薬のごとわれはいただく

亡き母をおもう―昭和十七年六月三日死去―

一もとの野菊手折りておもかげの今年死にたる母に手向くる

わが名をば呼びつづけつつ死にしとうみ母お
もえば涙ながるる

手折りたる野菊の花のひそけさに心しみじみ
潤い来る

末の子を抱きて野辺にいでにけり亡き母おも
い痛さつのれば

うつしえの母のみ前に夕勤行《づとめ》すればほのぼの
湧くおもいかも

日曜の朝

久々に日曜の朝を家にいて食前の偈を子等と
となえぬ

久々に朝餉の卓にわがおれば子等もたのしく
はずめるらしも

洋服を今日は着なくてよいのかとたびたびき
くゆえ子等は愛《かな》しも

つぎつぎに風邪ひきし子のつぎつぎに熱下り
ゆくはうれしかりけり

雑詠

この御眼つねにみまもり給うゆえわれは安け
しにこやかにいて

み仏のみ名をおのずと呼ばしめて安けきこころにじませ給う

歌集　大悲の中に―念仏のうた―（昭和五七年初版）

あや雲の流るる如くわがいのち永遠《とわ》のいのちの中を流るる

来し方も亦行く方も今日の日もわれは知らねど運びのまま

南無阿弥陀仏口を開きて称うべし称うる人にともる法《のり》の灯

逃れむとするわざやめてみ光の中にすべてがあるを知るべし

いずれにも行くべき道の絶えたれば口割り給う南無阿弥陀仏

念々に襲う苦悩の棄て場所となり給いては南
無阿弥陀仏

一息が永遠のいのちと知らされてすべてのも
のが輝きて見ゆ

一息が永遠のいのちと知らされて三世十方闇
晴れにけり

梨の味葡萄の味のかわれどもかわらぬ命の味
それぞれに

念仏と一枚にあるおのが身を先ずことほがむ
年のはじめに

み誓いの無戒名字の比丘われはただほれぼれ
と念仏申す

いよいよに絶対無限の妙用の確かさの中にあるは安けし

長生きは楽しきものよ人の世の悲喜の思い出光りつかげりつ

明日の日はわれは呆けむ明日の日は手足も萎えむ弥陀のまにまに

称うれば痛み悲しみ罪けがれ皆摂取され南無
阿弥陀仏

今はわが南無阿弥陀仏に一切が収まりにけり
新玉の春

志願をばみな満て給い弥陀仏の大悲の光りは
サンサンとして

大命は善悪浄穢を摂取して無言のままに三世
を流る

鋤かれたる水面に尚もしばらくのいのちを咲
ける蓮華草の花

お与えのままに生きなむ朝咲きて夕べ素直に
しぼむ花あり

宿業を見つむる眼打ち棄ててただほれぼれと
南無阿弥陀仏

今はわれ弥陀に生死を託しつつ心足らえる身
となりにけり

生き死には花の咲くごと散るがごと弥陀のい
のちのかぎろいの中

法界を見出で給いしみほとけの南無阿弥陀仏
にわれも遇いけり

ハラハラと御用終りて散りしあと美しき新芽
みな光りいて

咲いて散り咲いて散りつつ無量寿の茲はまこ
とに寂光土かな

念仏の恵みに遇いて自が消えて他が輝きて見
えて来しかな

小慈小悲もなき身おもいてひそひそとみ名称
えつつ今日も旅ゆく

山も川も鳥もけものも法の邦一如に見えて心
ほのぼの

念仏は善悪浄穢を摂取して闇路のわれを灯《とも》し
たまえり

みだ仏の大きいのちゆながれ来てわれの心を
灯すみ光り

今日の日の日のこころ清しく保たむと仰ぎ見るな
り空の高きを

天上天下みなみ仏のみ命の中に生死す南無阿
弥陀仏

念仏をいただきてわが幾十年一如の世界に恵
まれにけり

念仏にわれも宇宙も収まりて云うことのなき
幸を思うも

有限無限否定肯定うち棄ててただほれぼれと
南無阿弥陀仏

生き死には如来に託し今日稟けし今日の命に
安らぎ生きむ

みほとけの命の中に親となり子となり孫と集
う不可思議

みほとけのいのち美し大地より薫り湛えて水仙の花

煩悩の林に遊び今日一日弥陀のいのちを楽しまむかな

みほとけのみ名は自然の浄土より無我なるわれを照らすみ光

娑婆が即寂光明土と見ゆるごと泥田に蓮の花が咲きたり

わがこころ迷い迷えどみ仏の寸分狂わぬ決定《けつじょう》の中

決定はわれにはあらずみ仏の決定のみ手の中にわれあり

一枚の木の葉の如く散りたしと願いし願い今は叶いぬ

み仏の誓い尊し愚なるものにも沁みる法のみ光

それぞれの声をいただき啼く小鳥永遠に変らぬ永遠《とわ》の声かな

み名十たび呼べばおのずとものみなのうちゃ
わらぎて匂い立つかも

決定はわれには用事なかりけりみなみ仏の決
定の中

生きるものは生かしめ給う死ぬものは死なし
め給うわれに手のなし南無阿弥陀仏

み仏に認められつつ生きゆかむ自を他をさばくことを打ち棄て

大法の中に三世のありけるを知れる安さを常楽と云うか

宇宙みな摂取不捨とのみ仏の声をききつつわが旅をゆく

いよいよに寂しきゆえに大法よりみ名もて我を喚び給うかな

子が生れ孫が育ちてわれは死す大法海に滞りなし

いよいよに障りはあれどいよいよに心は安し弥陀に喚ばれて

分別が分別をして出離なし無分別智の弥陀の
喚び声

人に云わずみずからに云いてひそやかに和む
こころをいただきにける

このままとこちらで聞けば自力なりまかせま
つればまことこのまま

いよいよに救いなければいよいよいよに喚び給う
なり弥陀のみ親は

みほとけの国土美し最涯の万花揃いて咲ける
七月

大法の邦より生れ大法の邦に帰るがわれらな
りけり

花は咲き鳥は歌えりわれも亦ただ大法のみ運びのまま

有限のわれを無限の大法の邦に渡して救う弥陀仏

三世十方ただに大法のみ運びと宣らす六字の南無阿弥陀仏

みほとけの命の中にわがいのちたしかに茲に
あるは嬉しき

子が母に抱かるるがごと今はわれ寝てもさめ
ても南無阿弥陀仏

ひとりわがこの世終りてゆく身なり今日もひ
とりに馴れてし生きむ

葉は散れどあとに新芽の芽ぐみいて天地の動きゆるぐことなき

みほとけの大き運びに乗せられていまだも我にいのちましします

弥陀仏はみ名を与えて万物のいのちの親を知らしめ給う

紅いろの椿のあまた落ちてあり中に寂けく立
たす野仏

弥陀仏の無量無辺の内住まい山川草木あなた
も私も

大法の流れのなかに友となり子と親となる縁《えにし》
尊し

千年前の微笑そのまま湛えつつ立たす女身の
観音菩薩

酔生夢死のままでよろしき安けさをいただき
にけり弥陀のみ恵み

因縁のなさしめ給うままにして人生れ人死し
てゆくかも

ひとり居て楽しむという良寛の心知らるる齢《よわい》
となりぬ

みほとけの仰せ一つとわがこころ決まれば軽
し世渡りのこと

疲れたる時は眠るべし眼を閉じて時には口に
み名を称えて

また一つ年を重ねて大法に乗託せる身の思い
深まる

お浄土ははるけき邦と思いしにわが生れ来し
われの親里

みほとけの大法界の中にしてわれありあり君あり
万物もまた

おまかせが出来ざる故にお念仏口割り給うことがおまかせ

いよいよに助けなきゆえいよいよに六字の胸にわれは抱かるる

幼な子の如くに弥陀のみ名をよび一日明けゆく一日暮れゆく

一日一日悔いなかりけりみほとけの摂取の中
に息をつきつつ

有難やみ親の胸に念々に抱かるる幸をいただ
きにけり

野仏の面輪撫でつつひとりわが落ち椿道上り
ゆくなり

いよいよに人間失格する我を迎え給うは弥陀のふところ

一息を仰せのままと一息をお与えのままと南無阿弥陀仏

無量寿の親より生れ無量寿の親のいのちに還るわれなり

百花みな香りあるごと人の世の人の仕草のみな香りあり

首出して仔山羊は草をたべており疑うことを知らぬ静けさ

弥陀仏のみ名にまもられひとりわが老いの旅路を辿りいるかな

無量寿の摂取に遇えば無量寿の摂取の中にすべて皆あり

年老えばあらがうよりもなべてみな順《したが》うことの安けさを取る

つぎつぎに個は滅ぶとも無量寿のいのちの泉無量寿にして

お六字は生き仏なり念々に煩悩の林にわれを
遊ばす

旅に病み念仏の中につぎつぎに面影びとの来
り給うも

われも亦やがて召されむ生れし日さだめ給え
るその日来れば

一言も逆らわずしてかしずける妻は念仏の中
の人かも

み名呼べば心安らう弥陀仏のふところに住む
二人なるかも

身もこころも弥陀に賜いしものなればみ名称
うればすべて助かる

人力のすべて往生ましまして安らけく父のみ
名称えます

有難う有難うとぞことごとに父は云いますみ
名に抱かれて

わが息はほとけの息よと何げなくのたもう父
の安らけきかも

罪に泣く人らを待ちて下下の国大悲の弥陀は
待ち給うなり

いよいよに愚禿の座こそありがたしただに恵
みのみ名に抱かれて

さびしきはさびしきままがそのままが弥陀の
いのちのみ流れときく

法話する時近づけばさびしさも消えてみなぎる力湧きて来

南より北の涯まで旅又旅ただ弥陀仏のみ名を讃えて

識に就かず仏智に就けとの仰せなり仏智に就くとは南無阿弥陀仏

寺々の永代経に招かれて弥陀のみ救いただに
説く我

みほとけは永遠のみ命そのみ名を喚べば助か
る南無阿弥陀仏

首のなき野仏のお膝撫でながら旅のこころの
やすらぎ覚ゆ

首もとに苔生やしつつそのままにほほえみ変えずいます野仏

往くもよし又還るよし無量寿のいずれにしても弥陀の手の中

母逝けば弥陀をたよりに生きてきし弥陀は万物のみ親にてます

老いゆけばこころまどわず一筋に弥陀のみ親
をたのみまつるも

み名喚べば亡き母ぎみもあらわれてこころあ
たたまる雪の鄙寺

無量寿の大悲のみ手に抱かれて我あり君あり
南無阿弥陀仏

世の中の善悪浄穢そのままにただみ仏のみ手の中なる

煩悩が仏のわざと知らされぬ余るいのちをいとしみ生きむ

生を見せ死を見せ花の紅に咲きハラハラ散りて自然の浄土

全身全霊ただ大悲なるお念仏讃えてあるくわれの旅かな

母も逝きまた父も逝き朝々を妻とお内仏に坐して経よむ

行き詰り又行き詰り行き詰り弥陀のふところあたたかきかな

哲学も人生もみな間に合わずなりしみ父はただに念仏

大哲人と云われし父も臨終は理論棄たりてただに念仏

読経を終れば妻と父の著書一章ずつを読みて灯を消す

法界のなさしめ給うことなれば定めのままに
南無阿弥陀仏

念仏はやさしく抱き給うなり煮え立つ悔いの
術なきわれを

今までの念仏はみな空なりと云い棄て逝きし
師のなつかしき

何ごとも南無阿弥陀仏のふところに捨てらる
る身となりて安けし

何ごともみな愛《かな》しくて哀れにてただに念仏の
こぼれます日よ

ともかくも七十年を生きて来し今はただただ
寂《しず》けさを恋う

秋澄みし山の道の野仏の一つ一つに掌を合わせ行く

如来より賜いし一枚のレコードを悲喜こもごもに辿る一子地

大悲をば忘れてただに無意識に識の流転のなしからずや

みずからを咎むる外に咎むべき人なくなりて
ただに念《ね》仏す

煩悩も生死も法界のみ業とぞ知らされ今更何
をか云わむ

あるままに水は流れてあるままにひばり子啼
きて春の風吹く

耕され水入れられし田の中に首を伸ばして咲く蓮華ぐさ

日に光り風に揺れつつ紫の藤の花房いま盛りなり

耳によせ振ればかそかに触れ合いて提灯草の立つる音かな

静かなる秋の一日は空一面茜の雲を散らして
暮れぬ

山霧の宿してゆきし丹つつじの露をしずかに
おのが手に受く

空《から》念仏まことによろしいつの日か空《から》は棄たり
てまことは残る

かげろうは大地の息吹萌えいでし草の息吹の
立ちのぼるなり

雪どけの水は淙々と流れゆく時に椿の花を浮
かべて

おのずから供華となりたり墓原にむらがり咲
ける水仙の花

雪の精のいのちをもちて生れ来しうすきみどりの蕗の苔かな

雪国に先ず嬉しきは蕗の苔春を知らするその香りかな

柿もぐと仰ぎし空のま澄みたる青さにしばし我を忘れし

みずからが撞きてみずから聞き入りぬ旅立つ
朝を撞く暁《あけ》の鐘

やわらかき七月の空最涯の空はま澄みて真鶴
飛びゆく

休みなき蟻の動きを見ていしに胸のしこりの
解けてゆくなり

早春の光りやわらか野仏のみ頬ほのかに染め
まいらせて

野仏の長きお耳は世事の憂さみなうべないて
聞き給うらし

野仏に椿一枝折りてさすまわりはあまた落ち
椿かな

弥陀仏の胸に温みにいだかれて息つく友ら西に東に

下駄の歯を入れつつ日ねもす才市翁弥陀の御恩の中に遊びし

溢れくるままに歓喜《よろこび》書きつけし下駄の端切れの表に裏に

どの墓も水仙あまた飾られて才市の里の墓所
すがしき

凧の糸切れたる如し想い出も今は心を捕えず
なりて

野仏の額《ひたい》にかけし鳥の糞いつか消ゆると笑み
ますみ顔

幾千の毛根よりぞ吸い上げしいのちの水に伸
び立つ新芽

風吹けば風のまにまにうちなびき線路に添い
て月見草咲く

みほとけの大いなるみ手に抱かれて赤児とな
りて呼び続けます（鉄乗師の死）

オーイオーイとただ呼び給う臨終《いまわ》かなハーイ
ハーイと応《こた》えまつりぬ

み手をわが握りてあれば臨終なる父の面輪の
安らかにして

二月十六日雪の暁たまきわるほとけのいのち
終り給いぬ

よしあしの文字をも知らぬ人はみなまことと
のらす文字のみが見ゆ

逝きし父の箇衣に輪架裟数珠を持ち旅をしゆ
けば心は温《ぬく》し

父も逝き我も老いたり氷雨道み名称えつつひ
とりわが行く

大雪の下にほのかに芽ぐみいむ蕗の苔恋いみ
父恋いいる

今年また鉄線の花咲きていて迎えてくれし最
果ての寺

弥陀仏の慈悲に包まれ弥陀仏の慈悲を讃えて
たどる最果て

老い母のなせしが如く妻もまた畑に出でて花作りする

雪いまだ深くはあれど立春の言葉をきけば心ほころぶ

竹の雪たたきてやればおもむろに頭もたげてゆくは嬉しき

黄色なるつわぶきの花に黄色なる蝶は舞い来て羽根を休めぬ

無心という良寛の詩あり無心にて花の開けば蝶は舞い来ぬ

何事もみな大法と語るわれ胸にしこりのなきがうれしき

このままの救いなりしを知らしめし摂取の大
悲ただに尊とき

罪障を宝にしては喚び給うみ六字こそは無碍
の一道

雪晴れて畦道二人はあるくなり今日までよく
ぞいのち賜いし（結婚記念日）

蕗のとう二人の双手に取りて来し雪消え北にも春日恵まる

みほとけのみ手の中なる二人かな悲しきこともあまたありしが

無芸にて無知の二人も弥陀仏の大悲の中に睦ぶ仕合せ

噴水のまわりのベンチに旅人のみな安らげり
われも仲間に

噴水はかわらず噴けどまわりなるベンチの人
等つぎつぎ変る

知らずともわがこのいのち弥陀仏の御いのち
ぞと聞けば安けし

何一つ知らず命を終る児もみな弥陀仏のみ国
にかえる

いずこにて果つるも弥陀のみ手の中この一こ
とに心足りおり

また曇りまた降りしきる旅の雨傘小さくて濡
れそぼち行く

五十年弥陀のみ恵み讃えつつ東に西にただだに
旅ゆく

たまゆらの命なれども寄り添うて真紅にぞ咲
く曼珠沙華の花

彼岸花寄り添うて咲く寄り添うて生くべかり
けり人の世も亦

「お照し」という言葉こそ尊とけれ雪にこもれる北の人等の

無量寿の弥陀のいのちの残り火の未だも我にありて今日生く

大いなる自然法爾の中にして山川草木ともに息づく

人と和し世間と和してひそやかに余生を生きむ齢《よわい》とはなる

雨風に傷《いた》みたまえど野仏の面輪の笑みに心足りつつ

人生の地獄の下で念仏に遇いたる人はまこと無碍人

一目だけかかわり持ちて人はまた降りてゆくなり汽車のわが旅

一枚の木の葉の如くさりげなく散りてよろしき恵みいただく

握りたる信心消えて明らかや大法界のみな命なり

人生の意義が壊れて大法の摂取の中に息をつくなり

この頭下がらぬゆえに仏より口割り給う南無阿弥陀仏

大悲なるみ親の胸に抱かるる温かさおぼえて念仏にわれ

煩悩をわがものとする卑下慢に永くとどまり
み仏を見ず

われも世間も葬り去りてさんさんと大法界は
輝きわたる

浮き沈み怨み怨まれそのままに南無阿弥陀仏
のお手のまん中

日々障りあまたあれども無量寿のいのちあら
われ開く花々

喜怒愛憎みなみほとけの電流の五色に開く花
にあらずや

三悪道即三法道と知らされて長きこころの闇
は開きぬ

念仏の今は感謝となりにけり胸のしこりをほぐし給いて

お六字は生き仏なり生き死にの邦に安けくわれをあらしむ

われのいのちいまだあるなり友の命今は亡きなり南無阿弥陀仏

君のはや召されゆきたり無量寿のいのちの中のさだめ南無南無

七いろに光る水泡の美しき人の仕ぐさもみな美しき

千変万化みな不可思議の無量寿のいのちゆ生るると師はのたまえり

無量寿のいのちの親をさびしき日南無阿弥陀
仏と称えいる我

我執また大法中の我執とぞ知らされ我執のま
まで安けし

我執をば取ることとのみ思いしが摂取に遇え
ば我執即法

天国に生るることをあきらめし我は下国に安らけくあり

幼な児を亡くせし親の涙して彫りたるものか童子小仏

下敷きとなりて六字は苦悩するわれにほのぼの安けさ賜う

痛しともまた悲しとも云う言葉尽きたる人に
賜うみ六字

空しさを口には云わず父の著書朝々妻と共に
読むなり

念々の苦悩の我の下敷きとなりて抱きに来ま
すみ名かな

念仏のみ恵みにより四十年添わせ給いぬ夫婦
われらを

野仏のお顔それぞれ変れども賜う微笑にここ
ろぬくもる

みほとけのみ運びのままよつぎつぎに友等は
先に果ててゆくなり

人生に救いはないぞないぞよと喚びつづけます無縁の大悲

罪障に責めさいなまれいよいよに弥陀の大悲のま中にぞ我

目及ばぬ思い及ばぬ不可思議の中に息ずき更くる天地《あめつち》

いまだ夜は明けぬ静寂《しじま》を無花果《いちじく》の広葉より広
葉にこぼす朝露

音もなく降りつぐ秋の朝の雨野菊の花の濡れ
の清しさ

新緑の山の谿間の一筋のま白き滝のうつくし
きかな

亀は亀のろきにあらず無量寿のいのち行ずる
速度ならずや

早春の日射しに細眼あけまして野仏のみなよ
みがえります

下萌えの緑のなかに並びます野仏さまのみな
美男かな

雨あとの花びらあまた背なにつけ立たす野仏
は童子野仏

年老えば心の底のその底の寂しさに堪え眼を
つぶるなり

相逢えど語ることとてなけれども血の通うこ
とが有難きかな

大木の新芽伸び立つを眺めつつ大生命の胎動
を思う

み扉《と》開き相撲好みし御父にテレビお見せす今
日より初場所

梨の花白く咲きつぐ梨畠窓よりながめひとり
わが旅

方言を聴きつつ心足らいおりわがふるさとの
汽車に乗りいて

新築の家のまわりの曼珠沙華壺にも活けてあ
りて清しき

讃岐なる萩のみ寺と別れ来て曼珠沙華咲く南
にぞ来し

おのずから遊歩の旅となりており遊歩の言葉
今は忘れて

美しく育てしま菊朝々を娘の仏前に妻はささ
ぐる

川ぶちに山吹の花の咲きていて幼きときのま
まのふるさと

鶯の啼き通すなりふるさとの朝の山道ひとり
あるけば

野苺の白き花々咲きこぼれ我を迎えてくる
ふるさと

盛りあがる樟の若葉の美しさわがふるさとの
五月の山々

さまざまに囀り換えて鶯の啼けばさそわれ山深く来ぬ

まことに宵に花を開きてひそやかに香りいるなり宵待草は

宵待ちて娘の墓にゆく妻と我宵待草の咲きしを待ちて

宵待草墓にささげて妻とわれ月に濡れつつ経をよむなり

朝日光《かげ》させばしずかに花を閉ず宵待草のごとく娘は逝く

喜怒哀楽みな無心なり無作の作と教え給えるみ教えに生く

喜はなくて悲のみぞ多き人の子に賜う大悲の
南無阿弥陀仏

人に云う痛みにあらず法身の光輪のみぞみそ
なわします

サラサラと流れゆく日は少なくて堰かれて心
たぎつ日ぞ多き

積み藁の高きに烏とまりおり台風去りし朝の
ま澄める

大転換せしと思えば大転換せしと云う我残る
がかなし

大転換すれば転換せざる人見えきてさばく罪
ぞ悲しき

みほとけの摂取に遇えばさばくまま我ゆるさ
れて南無阿弥陀仏

いつまでも浅間し浅間しと云うなかれ大悲の
中に抱かれし身を

友の死も口に出ださず我の死も口に出ださず
ただにみ運び

南無阿弥陀仏南無阿弥陀仏一切を六字のなか
に統理し給う

屋根雪の融けたる水の樋を伝い流るる音や北
にも春の来

南国に生れし我の堪え堪えし雪消す今朝の雨
は嬉しき

いずれにも寄るべなき身の寄りどころただ弥
陀仏の温きふところ

浅間しと云うひまもなき浅間しさ先手をかけ
て抱く弥陀仏

浅間しき限りのわれにみ恵みのかぎり賜わり
今日を生かさる

彼岸花時をたがえず畦々に咲きそめており南
に来れば

大学の名簿めくればわが名前の前もうしろも
没々の友

古き人残せし言の葉まことなり夢まぼろしや
友等みな逝く

丈をなす雪は消えたり北国に黒土見えて霞立つなり

無量寿の弥陀のいのちの尽くる日をわれは知らねど無量寿の中

貪愛もまた瞋憎もそのままが弥陀のいのちのみ流れときく

弥陀仏は四生それぞれに微妙なる子孫を残す
術《すべ》与えます

今年また時をたがえず芽をふきて牡丹の蕾日
日にふくらむ

波立つも自然法爾のみわざよとあとは心の和《なご》
みいるかも

光陰は矢の如しぞと詩吟せし若き日のこと昨
日のごとし

藤原正遠師を想う

雪道行きつつ南無阿弥陀仏

西川和榮

「入信の道筋」という題がつけられた、藤原正遠先生と金光寿郎先生（当時ＮＨＫ学園講師）との対談の文章に出遇いました。昭和六十三年十月の始め頃のことです。ＮＨＫ仏典の講座の機関紙「仏典の世界」十三号に載せられていた文章が光っていたのです。その一部ですが、正遠先生は、

この間、五月の末の自坊の聴聞会に、長崎から佐々真利子という、二つから小児麻痺の人が来ましたが、脊椎カリエスで、十年ほど寝ておりましてね、ちょうどその頃私が長崎に行ってご縁があったんです。そうすると、私に四十年近くの佐々さんとの歴史があるわけですが、毎年長崎からここまで来るんです。小松空港に来ますと、小松に佐々さんのお友達がいますから、十人ぐらい迎えに行って、ここまで送ってくるんです。その時に、「今朝私は散歩しとったら、麦が熟れて、ほんとに一切無我やな」と、それから「川の音がさらさらと流れてほんとうに無我やな」と言うて、その後でね、「暴力団もあれは無我やね」と言うたんです。それで「暴力団を嫌う心も無我やね」と私が言うたら、それに佐々さんがひっかかったわけやね。

しかしこの機法一体となるのは、機がどうもならんという世界から、もういっぺん摂取されれ

ば、機と法が一体なんですから、こっちはゼロにならんと一体になりませんわね。「仏法は無我にて候」って、こんな世界をおっしゃるわけですから、いい、悪い、なんて言うてる間はまだ暇があるんで、一体になればやっぱり「暴力さんも、ご苦労さん」ですわ。一体の世界からいえば無我ですね。まことに、そんなんではじめて、正覚が有情非常同時成道、草木国土悉皆成仏ということになるので、あれが還相ですわね。浄土真宗は娑婆即寂光土といわない、という人がありますが、そんな浄土真宗はないと思うんですね。

等正覚の世界なら、本願のお陰で、娑婆即寂光土といえる身にしてもろうことが、如来大悲じゃないかと思うんです。

罪業が仏業なんですよ。この娑婆が即寂光土なんですね。今が寂光土になっておかんとね。

このように正遠先生が語っておられたのです。私が、最も聞きたかったお言葉。稀有なる師に稀有なるご縁にて遇わしめられたのは、まずこの冊子の紙上においてでありました。静かにも見える川の流れが、急流にさしかかったかのように、正遠先生にお遇いしたい!!の希《ねが》いは、この時よりずうっと奔流となっていきました。

実はこの年の春、私は夫を白山山麓の湯の宿で亡くしておりました。そのために私は、羽をもがれた蝶が、細い触覚をさらに細い器官にして、振り上げているときでもあったのです。その年の十月末までに亡夫の相続税を納入せねばということで、郷里の金沢へ行き、そこで坂井光夫さまと、思わぬ偶然から、親しくお話しすることになりました。坂井さんは、日頃より身近に接しながらの正遠先生を、昭和の親鸞さまと、尊敬なさっていらっしゃる方で、正遠先生のことやお念仏のお話をいろいろと聞かせていただきました。

坂井さんは、訥々と金沢弁で、

「わしらぁー、水の泡やといねェー」

と正遠先生のおっしゃる「いのち」の比喩を絶賛しておられました。

水泡の消えなばすべて無量寿の　み親の水に帰る我なり

深山の池の水面に自ず生ずる泡。木洩れ日に照らされながら瞬時を在る水泡。大好きな歌です。

三日ほど経ってから、「坂井さんから聞きました」で始まる一通のお便りを正遠先生からいただきました。たくさん賜わったお便りの第一号は、「大阪此花区の遍満寺さまへ十一月三日からの報恩講さまにお話に行きますから、ぜひお詣りください」の主旨が綴られていました。文字全体が紙面を斜め左に傾いて、行が等間隔に美しく流れているのです。あっ、この先生はきっと心臓がお弱くていらっしゃるのだと、半年前までの開業医の妻は、とっさに思い念じました。どうぞ永くお元気であってほしいと。

いよいよ初めて拝眉賜わることのできた、晩秋の遍満寺さまの部屋。

正遠先生。温味が、ただ飄々と人間のかたちをして座していらっしゃった。凄い稀有さの中に忝なくも今、と思った瞬間を、この身の背筋は感知して、比喩しがたい気がさっと膝まで徹るように流れました。さまざまな方がご挨拶なさって去られたあと、老いた母と私の二人は、先生のお炬燵に入れてもらい、春に、山桜の美しく咲く石川県の温泉の朝風呂で、念仏者の夫が遷化した話を、今朝の出来事のように思って、先生に話していました。

「そこでちょっこり横になるこっちゃ」

とおっしゃるままに、常は必ずしも従順でない私が、先生の前に現れてより、従順に横になり、しばらくの間を、すうっと寝てしまったのを憶えています。何かにつけて厳しく叱ってくださる母も、何も申さずにいた不思議な時間でありました。

この報恩講の三日間。正遠先生のご法話のみ声は、ずっと身に深く鎮もり、かつてはお念仏さまに包まれておるという憶いが、ただ抱っこに変わり、抱っこは、皮膚が一つの、温かみが一つの、裸で抱っこ、に変わる表現になっていったのでございます。

咲いているという意識の蓮の花は散り、花びらは泥の保《も》つ温かみになごんでおりました。泥にも冬の日があって、風が吹いては南無阿弥陀仏でございました。

「法則通りに腹が立っとるがや」

「こっちが迫害される程度によって腹が立つがや」

「義なきを義とすちゅうがは、このまんまが法のままや」

「分別が浮いたり沈んだりしとるがや」

「ころころと変わる心で念仏の話をなんぼ聞いてもやね、――それを流転輪廻というがやー」

「私が生まれた、私が年取ったちゅうけど、南無阿弥陀仏ちゅうてお母さんに抱かれたら、私のいのちでなかろうがー」

「私のいのちは無量寿のいのちゃー、しかも南無不可思議光やー、今が不思議やー、誰も認めんでも、ここにおるということがねェー、私が摂取されると、大衆統理やー、煩悩をちゃんと与えて、腹も立てるようになっとるしー、それで生きる力になっとる」

「母ちゃんーと、抱かれたら私やおらん、お釈迦さまと等しい法性法身やー、如来の雄と雌や」

今でも如実に思い出されるお言葉と、あの日の雰囲気です。

家を守ることが大事やという大義名分のもとに十七歳で結婚した私は、お障りさまいっぱいで、若い時から「念仏もうさんと思いたつ心に湧いてもらい」、念仏ひとすじ、聞法ひとすじに、生かされ生きてまいりましたが、その聞き方は、私の居る聞き方でありました。

量りなき功徳のおのずからに具わっているお念仏を、わが身にいただく。念仏もうさんと思いたつ心を起こさしめいただく。すべては光の中の出来事と拝し、信知する、という自分がおりました。意識をわがものとして、七転八倒していたのでございます。おおかた一日中、南無阿弥陀仏と口を割ってくださっている日々、申しているという意識も、摂取してもらっているつもりの、つもりの私がいて、呼吸も仏の呼吸《いき》といいながら、呼吸《いき》に来ていただいて呼吸を、でなく、苦しい時のため息を、こちらの呼吸に自ずとしていたのでございます。

それですから、唯除五逆誹謗正法と提げられた門の前では、すってんころりんです。腹をえぐるすってんを、長い間しつこく繰り返しておりました。それが夫を亡くしてから、唯除五逆の門は、ご廻向の向という門のかたちをしていらっしゃると感知しはじめ、ただ除くのただと、ただ念仏のただだと、不思議にもただ、押し出され出ている「いのち」と。ただただ、アミターの「いのち」より出ているのだなァと一つになりました。この一つが、一つこそ正遠先生に稀有なる出遇いを賜ったからでございます。転んで、すりむいて、知った地の温かみは、すりむいた膝も、ともに如来の血の温かみでございました。

いよいよに助けなきゆえいよいよに　六字の胸にわれは抱かるる
おまかせの言葉もいらず機法一体　一息一息弥陀のおん息

正遠先生のお手紙にあったお歌です。

平成二年五月、心筋梗塞でご入院というお報せをいただき、急ぎ家を後にして、電車に飛び乗りました。そして車中で、封筒の表に「お見舞」と書き、裏に「法が機で、機が法の西川和榮」と記し、ベッドの上の先生に差し上げて帰りました。やがてご退院の朗報を賜わり、少ししてからお邪魔したとき、「いついつと待ちにし人は来たりけり、いまは相見て何か思はむ」の良寛さまの歌を口ずさまれ、ポツリ申されました。

「機法一体の私やけど、機法一体というとるワタシャおるわなァ」と。

ほんにほんにと、うつむくばかりにて拝聴。招き入れていただいた炬燵布団の模様とただ相対しておりました。

大宇宙のひとり子として、仏のいのちとして押され出てきたこの身、「しらざる時のいのちもあみだのおんいのちなりけれども、いとけなきときはしらず、すこしこざかしく自力になりて、わがいのちとにぎりしめたるらんおりより……」。大宇宙のいのちから出た、帰命無量寿如来のこのいのちさま。南無不可思議光と、さまざまな身となり、身の前前《さきざき》にと、さまさまに来ていただき、身と縄のようにして、塞ぐ心や、はしゃぐ心も出ていただいては、不可思議の世を過ごさせていただく、南無阿弥陀仏の西川和榮でございます。夫を亡くしていよいよ象《かたち》のない夫が恋しく、象の有った時以上に愛し、執着しつづける心で、心がいっぱいになります。呼吸するのも苦しいほどになっては、南無阿弥陀仏でございます。

すべてみな弥陀のいのちのみ手の中　こころいよいよ滞りなし
受けてゆく力なければみ六字に　こころも身をもうちまかせつつ
ゆき詰まるごとに念仏出で給う　すべては弥陀のしろしめすこと（お父さんより）

と記されたお葉書も正遠先生から賜わりました。

正遠先生のご説法にたくさん遇うべく、「おっかけ」がしたいと希《ねが》っておりましたが、老齢の母が居ましたのでそうもゆかず、それでも長崎の光源寺さまに、鉄乗先生と正遠先生の歌碑が建立され、除幕式に参列するという、ご縁をいただくことができました。前日は新しく建てられた光源寺門徒会館で、利枝先生の次にご法話いただき、実のお父さまのことを語られました。

「もう父も長いことはない、ということで実家へ急ぎまして、座敷に寝ていらっしゃった父の枕元に座った時、……」

ここまで話されて、

「私はこの話をすると、いつも泣けてくるのですが」

と申され、涙を拭われました。拝聴する私も、量少《かさ》なくなられたお父さまの、枕元に座られた正遠先生のご様子を思って、涙に誘われました。

お父さまは、か細くなられた手でお布団の衿をつかまれ、南無阿弥陀仏、南無阿弥陀仏と申されていらっしゃったそうです。そのお父さまを指でお指しして、

「お父さん、武士はお念仏申すものでない、あれは弱虫のするものだとおっしゃったじゃありませんか」

と。ここまでおっしゃった正遠先生は、さらに肩をふるわせて、泣かれました。私も頬に落ちる涙を落ちるに任せていました。ややあって、

「そうしたらお父さんは、わしも弱虫になってのう」

と。そこで正遠先生のお言葉は途切れ、説く人、聞く人のすすり泣く声がしばらく続き、

「武士は念仏称えんもんやとおっしゃっていても、ちゃんとお念仏さまのほうからお出ましになられてねェ、念仏して弥陀に助けられるがでないがや、念仏に出ていただいて、出ていただいたことが、即、助けながや」

後に正遠先生がお病気篤く床につかれたとき、この日のことが思い出されて、朝な朝な、おん目のしずく拭わばやと、ご尊顔を温かいタオルで拭かせていただきました。

正遠先生は罪悪を語られるにあたり、生きもののいのちをいただくことをはじめ、大法に逆らうことなど巧妙に説いてくださったのですが、お母さまへ思わず投げられた言葉について、縷々お述べになり、罪悪の一辺を教えていただきました。

「わたしゃあのやさしいお母さんにね、言うてならんことを言うてしもうてねェ」

横浜のお兄さんのところで、ご両親と共に住まわれ、当時小学校の先生をなさっていらっしゃったころ、正遠先生は毎朝お母さんのお作りになられたお弁当を持ってお出かけでありました。

「少しの月給から家賃も納めねばならんし、ということもありましてね、あのころキャベツを醤油で少しくどく煮てね（からめに煮る）、それをお弁当に入れてくださる。

毎日それが続いてね。ある朝、わたしゃ『またあれかー』と、思わず言うてしもうた。そしたら、やさしいお母さんの眉間がさっと曇り、〝ああ弱ったなァ〟という顔をなさった。私のネ、言うてならん言葉で、お母さんを困らせてしもうたー。もう行き場がないワ!!

五十年経った今もネ、寝とってもそれを思い出しては胸が痛むわ、そしては、南無阿弥陀仏や」

右往左往こころのやりどあらざれば　大悲のみ名にわれは喚ばるる（正遠師）

平成七年の五月の聴聞会の折のこと、本堂の後ろのお部屋に先生をお囲みし、日頃お聞きしたくても遠方故にできぬ方々が、お経さまの始まる時間までを、寸暇を惜しみ真剣な面持ちで車座になっておりました。

この年は一月に阪神大震災が発生した年で、神戸からおいでの方が、震災に遭遇なさった時のこと

をおっしゃって、

「先生、地震の時、とっさに南無阿弥陀仏と出ましたが、少しも楽になりませんでした」

とおっしゃいました。

「南無阿弥陀仏が出なさったということが、ありがたいがや」

と、間髪を入れずに正遠先生は申されました。滂沱の涙に咽ばれた神戸の方、拝聴するもの皆、熱くなりました。


お念仏さまのほうから自ずとお出ましになる凄さ、それを語ってくださったお話のもう一つに、富山県の山の奥のほうの村で起こったことですが、担ぎ売りといって、風呂敷包みなどに日用品とか田んぼへ出る時の衣類などを、一軒一軒回って売っていらっしゃった。客方であるところの家の主人が、売っている方に向かって軽視した言い方をなさったそうです。言われた方は玄関を辞し、いったん戸を閉め、門内にある納屋に潜みまして、真夜中を待ち、納屋にあった鉈を使って、一家五人みな殺しにしたそうです。夜の山道三里ほどをひたすら歩いて麓の村に着き、村の入り口で警察に保護され、警官は「どんなこと思うて歩いて来たかー」の問いに、

「なんも思わんと、ただ、なんまんだぶつ、なんまんだぶつと歩いて来ました」

と答えたそうです。五人も殺して、

「どうもこうも行き場のないもんにね、とぼとぼと足どりと共にね、意識よりも前《さき》にやね、ただ南無阿弥陀仏と抱いてくださってね」

と話されたこのお話は、心の襞にこびりついております。

胸を打たれた話でもう一つ消えやらぬのは、安宅産業元重役の茶谷保三郎氏についての感銘深いお話。この方は鈴木大拙師とも親交深く、また仏教、仏教哲学もずいぶん勉強なさった方と聞いております。ある日お手紙がきて、

「もう九十六歳にもなり、いつが昼やら夜やらわからんようになっているけれども、金剛堅固の信心の定まった自覚がない、
金剛堅固の信心の　さだまるときをまちえてぞ
のこの言葉が胸に落ちず……と、ただ南無阿弥陀仏と出なさるとホッとします」

というような書簡だったそうです。それでね、私ゃすぐ返事を書きました。

「金剛堅固の信心がないから南無阿弥陀仏」

「信じられんから南無阿弥陀仏」

「如来さまの金剛の信が定まっておるから、お念仏がお出ましになるのではないか」

とね。

「信じて」は、こちらが信じてじゃない。信じられんで、始末のつかんやつを信じて、お念仏がお出ましになるので……ねえ、と。

ややあってから、お見舞いに行かれたら、多くの蔵書で周りはいっぱいの中に休まれていて、枕元には正遠先生のお手紙が大切に置かれていたそうです。

「そうやわなあ、我々は言葉にひっかかっては、ほぐれてゆくのですよォ」

と。ご和讃がよぎります。

無慚無愧のこの身にて　まことのこころはなけれども

弥陀の廻向の御名なれば　功徳は十方にみちたまう

時折、ぽつりぽつりとおっしゃったお話に、大谷大学の卒論は「良寛さま」で、たくさんのお念仏の歌の素地は、前田夕暮を師としてきたと、お聞きしました。夕暮で思い出す歌、

眼《まなこ》ひらけば川の反射のうすあかり湯槽に女《ひと》のしろじろといる

朝の気配、人の気配、その中にいのちを気配として感じている歌。正遠先生の選ばれた師、さてこそと納得しました。

正遠先生。気配を敏感に感知なされ、やさしさの気配。南無阿弥陀仏の雲のすがたの気配。呼吸の一つ一つが、如来の呼吸と感知なされ、及んでくる心もまた自然法爾と。「自然の浄土をえぞ知らぬ。でネ、我執が、如来執や、南無阿弥陀仏のご廻向でわかるようになっとるゥ」いつも聞こえるお声の気配です。

平成八年十二月八日。恐れていた正遠先生ご入院の報。走りました。病院の特別室に、一目で正遠先生とわかる額が見えました。お別れを惜しんでくだされるがごとき、ご入院の日々。雪雲の低い冬の日は流れました。

念仏とひとり遊びのできること　これをお慈悲とわたくしはいう

正遠先生のお歌の中で殊に好きなお歌です。ベッドでお唇《くち》の象《かたち》に添うて洩れていなさるお念仏さま。念《ねが》いもむなしく、永遠のいのちの元へ還られ、み姿は見えなくなりました。

一面の雪に覆われて、ご葬儀の日が明けました。村の人たち大勢が、大勢の御僧侶方の間を通って棺を支え、お念仏を称しつつのご出棺。ときどき降っていた雪がやみ、冬の陽が御門から、み車までを凜と輝いたのは、今でも印象的です。

先生のお乗りになったみ車が、雪一面の野を揺れあそばしながら進み、無香華といわれる雪の華がときどき舞い、すべてすべて摂取の中だよと、南無阿弥陀仏と降り、散りました。

正遠先生がお好きだった良寛さまも、ご臨終近いお歌（雑体歌とよばれている）に、三千大千世界に降る雪のイメージでお作りになったのがあります。

おく山の菅《すが》の根しのぎ　ふる雪の

ふる雪の　降るとはすれど、積むとはなしに　その雪の。その雪の。

香りまでも、結晶の六角の象《かたち》の中に凝縮して、どれ一つ同じ結晶のすがたでないのに、すべて白銀色に。光りながら降り給う雪。南無阿弥陀仏の雪の上のお見送りでした。

「お与え」と「おまかせ」

林　貞子

藤原正遠先生が石川県立松任高等女学校へ赴任してこられましたのは、昭和十四年四月でございました。私は女学校の三年生で、数え年の十四歳でした。

国語のはじめての授業では、先生が横浜市の元町小学校に奉職しておられましたときのことを話されました。

「日曜日になると、親のない子や不幸な子どもたちを家へ呼んで、時には港へ遊びに行き、外国船を見ながら、一緒におやつを食べた」

と話されました。

そのあとは俳句のお話で、黒板に「がくこうを　けふもやすんだ　ほほっぱれ」と平仮名で書かれ、その横に「五・七・五」と書かれました。

「これは一年の男の子の作った俳句で、ほっぺたが、〝ほほはれ〟でこんなのに大きく腫れたのですよ」

と、両手の甲を膨らませて頬に当てて見せられましたので、みんなはどっと笑いました。

その次の国語の時間には百人一首から、

久方の　光のどけき　春の日に　しづ心なく　花の散るらむ　　紀友則

を引用され、今度は「五・七・五・七・七」と指を折りながら、短歌というものを教えてくださいました。そのときはじめて短歌を知った私でございました。そして、

「いかに良い材料があっても、それを見る心の鏡が曇っていては良い歌は生まれない」

と教えられました。

そのころ先生は、能美郡川北村一ッ屋の浄秀寺さまから、石川郡松任町駅前の松任高女まで、二里（八キロ）の道を自転車で通勤しておられたのですが、

「途中で歌ができると、自転車を止めて、自転車にまたがったままで、胸のポケットから手帳を出して、感動の薄れないうちに歌を書きとめている」

と話されました。

先生は毎月「輪」と題して、生徒と先生方の歌集を出され、その中から「天・地・人」が選ばれるのでした。今でも私の心の中に嶋つや子さん（旧姓斉川）の「地」に選ばれた次の歌が残っています。

雪どけの音あたたかき窓辺にて　戦地の兄へ便りしたたむ

このような戦時中ではありましたが、藤原先生に短歌をご熱心にお教えいただきました私たちは、この上ない幸せものでございました。

また先生は、一週に一度、希望者だけを始業前に作法室に集めて『正信偈』を教えてくださいまし

た。ほとんどの生徒が出席してきちんと正座して声を合わせて『正信偈』を習いましたが、先生はその時も口癖のように「お与え」ということを話されましたので、私たちはどのような時でも「お与え」を心の下敷きにして、うれしいときは喜びの歌を、つらく悲しいときはその思いを、素直に短歌に托して、お父さんやお兄さんが出征しておられる留守宅を守って頑張ることができました。

藤原先生は、いつもにこにこ顔で、めったに生徒を叱るということはありませんでしたから、そのあだ名は「お与え先生」と「にこにこ先生」でございました。

昭和十五年は、紀元二千六百年で、戦時色も濃くなってきましたから、「お国のために」を合い言葉として、学業のかたわら傷病兵の白衣を縫い、先生方が指揮をとられて、留守家族の稲刈りや、食料増産で農場を耕すことも多くなりましたので、先生の御手も私たちの手も豆だらけになりました。

私は昭和十六年三月に藤原先生とお別れして、松任高女を卒業しました。そして昭和十九年に林へ嫁ぎましたが、そこには二つ年下の「利子さん」が居ました。

利子さんは、松任高女在学中は藤原先生が主任でございました。利子さんは勉強もよくできましたが、大変な頑張りやさんでしたから、卒業後はお勤めのかたわら、日曜日ごとに、大黒柱のお父さんの復員してこない親戚の田圃の手伝いに行っていましたが、馴れない田圃仕事がきつかったのか、田圃の草取りをした後に、とうとう起き上がれなくなり、寝つくようになってしまいました。

そんなとき、卒業してからもう何年も経っている利子さんを、藤原先生はたびたびお見舞いにお越しくださいました。お顔を見せてくださいますと、部屋からはにぎやかな笑い声にまじって大きな

「おまかせ」「おまかせ」という二人の声がきまって聞こえてきました。

先生がおいでくださいますと、少しは元気を取り戻すようにも思われた利子さんでしたが、昭和三十二年に、三十歳という若さで帰らぬ人となってしまいました。藤原先生はお経をあげながら、その御目には涙が光っておりました。

その悲しい出来事をご縁として、姑《はは》は、たびたび浄秀寺さまへご法話を聞きにうかがうようになりました。姑は針仕事が好きでしたから、時には泊りがけで仕立物に行ったこともありました。そんなとき、正遠先生は、

「林さん、そんなに頑張らんでもいいがね、一服したら…」

とおっしゃって、熱いお茶とお菓子を勧めてくださったそうです。また「暗くないかね」とおっしゃって、電気を低く下げてくださったりして、こまごまとお心づかいくださいましたことを、姑は何年経っても合掌しながら、語り草にしておりました。

昭和三十四年頃から、毎月正遠先生が松任町の林の家へご法話にお運びくださるようになり、敗戦後のいまだ立ち直れない私たちの心にポーッと灯りを灯してくださいました。

先生はとてもご熱心で、二里の雪道を長靴をはかれ、汗をかきながら、お運びくださったこともありました。ご法話はもちろんのこと、そのあとの座談会もとても明るくて、人気がありましたので、その集まりは六年間続きまして、「松任正遠会」の前身となりました。

先生は、柿が大変にお好きでしたから、秋になると姑は実家からみごとな甘柿の届くのを心待ちに

していて、先生の前で、くるくるくるくると皮をむいては、さし上げておりましたが、その時は先生も姑もそれはそれはうれしそうでございました。

第一歌集『茶の花』に次いで、先生には『あや雲のながるる如く』『一枚の木の葉のごとく』『百花みな香りあるごと』『大悲の中に』『み運びのまま』等々、歌集や法話のご本を次々ご出版なさいましたが、そのたびに私どもには必ず二冊ずつお贈りくださるのです。姑と声を合わせて拝読することもできましたので、先生の暖かいお心をしみじみと思いながら、長年甘えていた私には、やはりうれしいことでございました。

昭和六十二年一月、歌会始　御題「木」で、思いがけず選に入りましたときは、その内命をいの一番に藤原先生にお知らせいたしました。電話の向うで、女学校の時そのままのお声と、口調で、

「それはどんな歌や…ね」

と問われましたので、私は、

「世界で一番小さい木の歌なんです」

とお答えしてから、

試験管に今し芽吹くか裸細胞《らさいぼう》の　木となる生命《いのち》かすかに動く

と、ゆっくりうたいました。すると先生は、

「なかなか良い歌や、世界で一番大きい木の歌や……。よかったね、おめでとう」

と言われましたので、私は、

「先生に短歌を教えていただきましたお陰さまでございます。有り難うございます」と言って受話器を置くなり思わず合掌しておりました。そのとき目から感謝と喜びの涙があふれて、こぼれ落ちました。

年が改まると、早々に先生からお手紙が届きました。

「元旦の文字の書きはじめに、あなたにお祝いのお便りを差し上げます」との書き出しで、次のお歌がしたためてありました。

勅題のみ歌入選せしと云う君のよろこびの鼓動ひびき来

みほとけのいのちかしこし目に見えぬ細胞芽ぐみて巨木とはなる

三千十方南無阿弥陀仏のみ手の中あなたも私も草も木も亦

そして、「元気で歌会始の大役が果たせるように祈っています。合掌」と結んでありました。

「歌会始」の当日、松の間で「林の貞子」と名前を呼ばれて立ちましたが、その時一人ではなく藤原先生と二人で立っている気持ちでございました。歌が、朗読されている間中、植物学者でもある天皇陛下（昭和天皇）の、お優しく、真摯な御まなざしが、一直線に、私と先生に注がれておりまして、目頭が熱くなりましたことは、今日でも忘れることが出来ません。

藤原正遠先生の三千首を越す短歌の中での代表作ともいえる、

あや雲のながるる如くわがいのち　永遠のいのちの中をながるる

に節をつけて毎朝おつとめの後に歌わせていただいていた姑と私ですが、『ＮＨＫ歌壇』誌の「読者

のひろば」でご披露させていただきたく思う、やむにやまれぬ気持ちで、そのことを先生にお尋ねいたしましたところ、

「あなたがそう思うのも仏さまが思わせてくださるのですから、おまかせしますよ」

とのお返事をいただきましたので、早速投稿しまして、その記事の載った歌壇誌（平成二年七月号）を先生にお届けしましたところ、

「何事も仏さまに　おまかせ　しておけば、いいように運んでくださるものですね。ご苦労さん…」

と言いながら笑っておられました。今でも私は正遠先生にお逢いするときのような、わくわくした気持ちになりながら、新しい気持ちで、その記事を読んでおります。

　そのお歌の歌碑が、平成四年四月、正遠先生の米寿を記念して、浄秀寺さまの境内に建てられましたが、その緑色のどっしりとした三角形の石に彫られたお歌は、この宇宙に生をうけた生きとし生けるものすべてのいのちを誉め讃えているようでございます。今日ただいまも、またこれからも、正遠先生と同じ、あや雲の永遠のいのちの中を、生きとし生けるもののすべてがお与えのままに、生死を越えて、静かに流れさせていただくことでございます。

　毎年必ず頂戴していましたお年賀状の平成八年の宛名書きは、正遠先生のしっかりしたご筆跡のもので、そのご文面は、次のようでございました。

　　謹賀新年
今はわれ云うことのなし　九十二の　齢いただき　南無阿弥陀仏　　正遠

うすき紅　ひきて八十路の　初鏡　　紫水（利枝）

正遠先生の満ち足りたおすこやかな短歌と、利枝先生のひかえめな女性らしい初春にぴったりの俳句を、姑とともに味わわせていただきながら、ともに新年をおよろこび申したのでございますが、それが、先生からの最後のお年賀状だということも知らずにいたこの身が、ただうらめしく悲しく思われてなりません。

平成八年七月十五日、東京の坂東報恩寺さまで例年のように先生はお逢いできましたときは、本当にうれしゅうございました。その時の先生のお歌は、

南無阿弥陀仏　口を開きて称うべし　唱うる人に　ともる法《のり》の灯

でございました。きびしい暑さの中を、ご法話なさいまして、先生は御座を離れて私のところまで下りて来てまで力を入れて繰り返しそのお歌をうたわれたのでございます。思えば、それが私にとりましては最後のご法話となりました。

お別れするときに先生のあたたかい御手を握り、両手で握り返していただきましたのですが。

藤原先生は平成九年一月十九日、お風邪がもとで九十一歳の御法寿を全うされたのでございます。旧松任高女の清輝会（同窓会）には必ずご出席くださいまして、お元気にご法話を織りこんでの、先生方を代表してのご挨拶が思い出されて、涙がこぼれます。

ご葬儀の折には、先生に短歌を教えていただきました生徒たちの弔歌が数多くうたわれ、私も及ばずながら弔辞を捧げさせていただきました。

お優しく、いつもあたたかかった藤原先生には、もう二度とお目にかかることはできませんが、身をもってお教えくださいました「お与え」と「おまかせ」のお心は、先生のぬくもりとともに私の胸の中にしっかりと受けとめさせていただくことができました。六十年もの長い年月を、常に御慈愛のあふれる御歌と、お導きと、お育てをいただきまして、まことにまことに有り難うございました。

先生とご縁の深かった姑は、平成十二年に百歳の天寿を全ういたしましたが、先生のみ教えのもと、二人で南無阿弥陀仏を称えながら、五十五年の年月を、仲良く明るく過ごすことができましたことは、まことにありがたいことでございました。

朝な夕な御名《みな》称えつつ稚児の如　吾は抱かるる尊師《し》のふところに

南無阿弥陀仏　合掌

自然を詠まれた詩に心を癒されて

依田　澄江

平成十四年二月、私はお陰様で七十二歳を迎えました。振り返ると、正遠先生にご縁をいただいたのは、年月としては四十年近くになっているようです。

正遠先生に出会った当時は、私も仕事を持っていましたので、毎日が多忙と人間関係の気づかいに身にふりかかる宿業が頭から離れずに常に葛藤の日々でした。宿業についての本を読みあさり、我が身に当てられた運命的なことから逃れることができないことに、事実を頭の中では自分なりに解ったような、仕方なしに受け止めているような日々でした。

そんなある時、九州にご来迎いただいた正遠先生に思いきって質問しました。それはある方の著書に書かれている宿業のことが解らなくてお尋ねしましたら、次への移動のタクシーの中まで私に納得がゆくように解いてくださいました。その折にいただいたお歌が、

宿業をみつむるまなこ打捨て　只ほれぼれと南無阿弥陀仏

宿業にこだわっていた私には目から鱗が落ちるが如くただただ南無阿弥陀仏、お与えであったことに気づかされ、こだわりからひと皮剝がれたようで、それからはいつもこのお歌を口ずさみながら不

思議にお念仏が口を割り、こだわり続けていた思いから一歩足が前に踏み出されるようになりました。
　昭和六十一年から六十三年にかけて私はよく胃に潰瘍ができて九州大学病院に入退院を繰り返しておりましたが、入院中に必ず先生からお見舞いのお便りが届き、その中にお歌や詩が載せられていました。

　ほとけの命
白い花は白い花
赤い花は赤い花
小さな花は小さい花
大きい花は大きな花
毎年毎年
狂いなく咲いている
私も
ほとけのお命から生まれ
ほとけのおいのちの年をいただき
今日も
ほとけの息をしている
今はつつじの花の

まっ盛り

　五月晴れ
爆音の音――
小松基地の練習機の
低空飛行である
眼の上近くを飛んでゆく
仰いだ空はまっ青だ
五月晴れ

　昨日の詩　無心
庭の陽に
今年も胡蝶花《しゃが》の花が
ひっそり咲いている
一昨年も咲いていた
誰にも見て貰えず
ただ無心に咲いている

ただ人間だけが
理屈を並べて
しゃべりまくっている
いや無生の生
無理屈の理屈
如来の仰せのままで
口から泡をとばして
しゃべっているのだ
無心の花はいい

石のぬくもり

もう五月の青空だ
私は外に出て
大きな石の前を通りかかった
私はその石に腰を下ろした
石がぬくもっている
気持ちがいい

もうお昼御飯の時だ
お尻をあたためている

お便り

日に幾通となく
お便りが来る
お返事に追いまくられている
しかし
私にお便りをくれる人の
あることはまだ仕合せだ
八十歳もすぐれば
もう娑婆の用事はなくて
私のことなど
忘れ果てられているのに
まあ　ありがたいお便り
それも
お念仏のおよろこびの

お便りばかり

電話があった
待っていないと云えば
嘘になる
一週間妻は○○に行って
今日帰ってくる
朝大阪から
無事に帰ったとの
電話があった
もう三時間で
家に着くのだ
心がぬくもる

「お早うさん」と云えば
お早うさまと返しが来る
向うの畑から片手は萎えて

片手で野菜に水をかけている奥さん
やさしい言葉は
ありがたい
心がぬくもる

思いままに自然を詠まれた詩が、病床の中での私には温かく心が癒されてきました。
またある時は、私宅に二十人くらいでしたがご法話をお願いし、先生にお会いできた喜びと膝を交えての語り合いに、みんな夜遅くまで語らいが続きました。その夜お泊まりいただくのに息子に空き缶の大きな物がないかなと尋ねられ、何になさるのかお尋ねしましたら、実は前立腺肥大で夜中尿が近いから、お手洗いまで行くのはつらいからとのこと、幸いに尿瓶がありましたので、枕元に持ってゆきました。

そんなお体で九州中国をはじめ全国へとご予定通りにいらっしゃることは、大変ご無理をなさっていらっしゃるご様子でしたが、お約束通りに実行なさるお姿に、ただただ有難さで頭が下がるばかり、南無阿弥陀仏です。

でも、時々はお叱りをいただいたこともありました。同朋の方々が一度先生と会食をしたいといわれ、門司の「めかり山荘」に二十人あまり集まりましたが、先生には娑婆の話や世間話には退屈で、後であんな会は苦手で不愉快だったと、ちょっとお小言をいただきました。私も同じ思いでしたが、せっかく先生にお目にかかったのですから仏法のお話が交わせると思ったのに、意外な方向に話が逸れて申し訳ない思いでした。もう二度とあんな会食はやらないことに決めました。

お食事もいろいろとたくさん作りすぎたり、仕出し屋から取ったりするのはお好きではなく、ご馳走を食べることよりも、みんなに聴聞することを望んでおられました。

長崎の立山荘での正遠会や、三潴の円照寺さまと、年に二回は必ずご来迎のご縁をいただいておりましたが、先生のお教えの一言一言が、今さらの如く蘇ってきます。次にご移行の際も、よく随行しては、時間の許す限り病院にお見舞いに出かけたり、またある時は中津の羅漢寺にお詣りをしたり、よくお伴をしました。先生は親子丼がお好きで、昼食は必ず注文をされ、よく召し上がられましたが、おいしそうに食べられるお顔が目に浮かんできます。

正遠先生は、いつも仏法は毛穴からでも入るとおっしゃっておられましたが、今までの私は自分なりの思いで解った解らないと自己が邪魔をし聞法の姿勢をあからさまに問われています。

先生に向き合うと、いつも何もかもを透視されていた私に、真実の自己への目覚め、み運びのままであり、あるがままで残された人生、先生のご恩と大慈悲、そしてお導きに報いるべく聞法の出発点を一歩一歩あゆむことが、これからの課題ではないかと知らされております。

想い出の父・正遠

藤原 正洋

父は、明治三十八年（一九〇五）六月十一日、九州・福岡県甘木市秋月町で誕生した。兄弟は八人。兄が六人、妹が一人。

父は七番目に生まれたので「七郎」と簡単に命名され、妹は八番目なので「八重」と名づけられたという。

父の実家は、武士の家系（秋月藩）で、父の父（幾太郎）は、小柄な人ではあったが、侍気質の旺盛な人で、相当に頑固な人であったらしい。

一方、父の母（トラ）は、大柄なタイプの人であり、結構気丈夫な女性だったようである。

二人は、口論もよくしたらしい。

「ソゲンコツイッタチァ、ヘゲンバイ」（「そんなこと言ったって、駄目でしょうが」＝正洋私訳）

これは母（利枝）が聞き覚えた九州弁の一端である。

父の父（幾太郎）と長兄（尚霊）は、ともに酒豪で、晩酌が始まると毎晩のように、父と子は大喧嘩をする。

そんな光景に辟易してか、父は次第にお酒の世界から遠ざかって行ったという。

でも父は、甘酒は大好きだったし、葛湯も好物だった。

好物といえば、柿もそうだった。食べ出すと、四個も五個も、時に十個も食べたらしい。そんなせいか、果物（柿、りんご、梨）の皮むきは、まさに天下一品だった。


こんな話も聞き覚えている。

「茶碗にナ、熱いお湯を一杯に入れて、二人の人が早飲み競争をした。一人の人は、『ふうっ』、ひと吹きしてはちょっと飲み、ひと吹きしてはちょっとずつ飲んだ。もう一人は『ふうっ、ふうっ、ふうっ』と吹き続けて、冷めた時に、一気に飲んで勝ってしまった」、子どもごころに「そうかもしれんなあ」と思ってもいた。


受験期を迎えた頃の父は、はじめは医者になりたかったようで、医学（専門学）校の受験をしたが、不合格だった。

その頃、父の生家の近所に、園子という幼い女の子がいて、父はその女の子をとても可愛がっていた。ところが、その園子ちゃんが急性の脳膜炎で、苦しみながら亡くなった。

そんなきっかけがあって、医者への志向心が高まったのであろうと思うが、断念せざるを得なくなり、進路を変更して、京都・大谷大学に進学することとなった。

学友の中には、故吉田竜象師（富山県・福光町・白道舎主）や、故三上一英師（福井市・恵徳寺前住職）も居られた。

吉田師からお聞きした話であるが、学生時代の父は、もちろん広沢七郎であったが、昼どきにはアルバイトでパンの売り子もしていたらしいが、「七ちゃん、七ちゃん」と、なかなかの人気者だったそうである。

父の大学時代は、仕送りも乏しく、ある船長さんの家に書生として住み込み、朝は五時に起床して、炊飯や家事の手伝いをして学資を得ていたと聞いている。

父はまた、剣道部にも入っていて、剣道着（ユニフォーム）姿の写真もアルバムの中にあったはずである。

その時点で、京都市内の大学対抗試合があって、連続して、五人かに勝ち抜いたと言っていた。父の自慢話の一つである。

父の専攻学科は、国文学であった。

指導教授は、万造寺斉先生ではなかったかと思う。先生はまた、短歌誌「街道」の主宰もしておられた。父は、その同人でもあった。

父の卒業論文は、「良寛」についての考察であった。

論文を作成しながら、越後の旧家の長男に生まれた良寛が、なぜ出家を決意したのだろうかという疑問も生じた。

彼には、斜頸（首の一方に傾く病症）という悩みもあった。そのことも出家の動機に無関係ではない、と感じたそうである。

出家後の良寛に与えられた「公案」は、「南無阿弥陀仏」であった、とも聞いた。

「公案」とは、禅宗で、参禅者に示して坐禅工夫させる課題が与えられることである。

明確ではないが、良寛の歌の中に、「草の庵《いお》にねてもさめても憶うことなむあみだぶつなむあみだぶつ」という一首があったと思う。

良寛は、禅僧でありながら、お念仏に深く結ばれるご縁のあった、稀な方だったんだなあ、と思わしめられる。

「想い出の父・正遠」のお念仏の世界は、どこかしら良寛のお念仏の世界に似通っているところがある。

親鸞や蓮如のお念仏の世界とも剪断し（ずれ）、清沢満之の世界からもずれを覚えさせられる面がある、と私は感ずる。

さて、「想い出の父」は、昭和二十年までのおよそ十三年間、石川県石川郡松任町の松任高等女学校の教諭をしていた。私には、その頃の想い出もある。

小学校、二、三年生か?だった私は、父が宿直当番のある一夜、父とともに宿直室で一泊したことがあった。

父は飯盒でご飯を炊いた。そのあつあつのご飯の上に、生卵を割って醬油をかけてまぜながら食べた。あのおいしさは、今も忘れていない。

小学校五年生の時だったか、終戦の翌年、父と大阪に行った。港区で父のすぐ上の兄が瀬戸という写真館を開いていた。とっても可愛らしい私の写真を撮ってくれました。

その家族に「ボン」と呼ばれたことと、たしか酢豚を口にしたとき、カルチャー・ショック（異文化から受ける戸惑い）を受けた。もう五十四年前のことだが、いまだに覚えている。

その大阪からの帰途だったと思われるが、父は東本願寺に連れて行ってくれた。御影堂に入った。太い柱を、父の両手と私の両手で抱きかかえたが、二人の手は届かなかった。

その頃、昭和二十二年、父は東本願寺の教務部長であった。

同僚として、訓覇信雄、竹内良恵、高原覚正、柘植闡英氏などがおられ、自坊の夏期仏教講習会には、三、四年間、連続で参加なさっておられ、感話も聞かせていただいた。

昭和二十二年、小学校六年生のとき、弟（三上正廣）と東本願寺で得度（剃髪して仏門に入ること）を受けた。頭を丸坊主に剃られたので、恥ずかしくて、持参していた運動会用の赤帽子をかぶって、京都「丸物」デパートへ遊びに行った。
得度の前後、本願寺の総会所で四日間ほど宿泊した。ちょうどその折、祖父（鉄乗）は、同所で布教師（教導）として出講中であった。

ここで逆戻りするが、父は大谷大学を卒業、その五年ほど後に、金沢出身の同大学教授、林五邦師のご紹介によって、南国九州から北国の石川県・浄秀寺に入寺することとなった。結婚まで、父も母もお相手の顔を写真でしか知らぬままだった、という。（大胆なものですねえ。私の所感）
後日、父は「まあ女性だろうから、いいか」と思っていた、と言っていたことがあった。

そして一年後、小生が誕生した。その私に、父は四首の歌を詠んだ。
その中の二首に、「縁あって、この世に誕生した息子よ、もしお前が、どんなに偉くなったとしても、あるいは、四面楚歌（たすけがなく孤立すること）に陥ることがあっても、決してお念仏を忘れないように。お念仏を忘れるようならば、それは、糞の蛆虫だ」という趣意の歌であった。
宰相によしなるとても念仏の道にそむかば糞の蛆虫
四面楚歌の中にあるとも念仏の無碍の道ゆきたがうべからず
私の誕生は、昭和十年（一九三五）、ちなみに父は三十歳だった。その時点で、念仏讃仰者として

の証言を聞き取ることができる。

余録

生前の父には、持病があった。その一つは心臓肥大（症）である。「肥大」について『広辞苑』には「生体の器官や組織の容積が正常以上に大きくなること」と説明されている。

旅行先で、四、五回発作が起こったと聞いていた。そのつど、有縁の皆さまにご心配やお世話をおかけしていたに違いない。

もう一つは、慢性的頭痛（症）があった。服用薬はノーシンであった。

父は、人様との交流を好み、積極的に電話をしたり、手紙や葉書を忠実（まめ）に書き続けていた。父ほど書簡を送り、書簡を受け取った人は、古今東西に類を見ないと言っても過言ではないと思う。最晩年（九十一歳で示寂「法名　彩雲院釈正遠」）には、「名残り惜しさ」「淋しさ」「人恋しさ」などの心情に促されて、有縁の方々に電話をかけていたようであった。

平成四年四月、父の喜寿を記念して、有志一同によって建立された歌碑がある。それには、「あや雲のながるるごとくわがいのち永遠《とわ》のいのちの中をながるる」と刻まれている。日毎の出会いである。

執筆者紹介

西川和榮（にしかわ　かずえ）
一九三三（昭和八）年生まれ。石川県出身。
現住所　堺市白鷺町

林　貞子（はやし　さだこ）
一九二五（大正一四）年生まれ。石川県出身。
現住所　横浜市戸塚区

依田澄江（よだ　すみえ）
一九三〇（昭和五）年生まれ。福岡県出身。
現住所　北九州市門司区

藤原正洋（ふじはら　まさうみ）
一九三五（昭和一〇）年生まれ。石川県出身。
真宗大谷派浄秀寺住職。
現住所　能美郡川北町一ツ屋

藤原正遠講話集　第五巻　歌集

二〇〇二年五月一五日　初版第一刷発行

著　者　藤原正遠

発行者　西村七兵衛

発行所　株式会社　法藏館

京都市下京区正面通烏丸東入
郵便番号　六〇〇-八一五三
電話　〇七五-三四三-〇〇三〇（編集）
〇七五-三四三-五六五六（営業）

印刷・製本　中村印刷株式会社

ISBN 4-8318-4502-7 C3315

藤原正遠講話集　全五巻

第一巻 — 『正信偈』依経分の講話と、『愚禿悲歎述懐和讃』などの解説を収める。正遠師の世界が、聖教によって語られる。

第二巻 — 正遠師の世界がよく表された講話を精選して収録。人間の分別を破って大法の世界に生きることの安らかさを説く。

第三巻 — 『法爾』誌に発表された昭和五一年から昭和五九年までの文章を収録。正遠師の世界が色々なことによせて語られる。

第四巻 — 『法爾』誌に発表された昭和六〇年から平成五年までの文章を収録。最晩年の正遠師の世界が語り出される。

第五巻 — 昭和六年から最晩年まで、生涯を通して作られた数多くの歌の中から、藤原利枝師が五〇〇首を精選して収める。